internet address & password logbook

Keep favorite website addresses, usernames, and passwords in one easy, convenient place!

PETER PAUPER PRESS, INC.
WHITE PLAINS, NEW YORK

PETER PAUPER PRESS
Fine Books and Gifts Since 1928

Our Company

In 1928, at the age of twenty-two, Peter Beilenson began printing books on a small press in the basement of his parents' home in Larchmont, New York. Peter—and later, his wife, Edna—sought to create fine books that sold at "prices even a pauper could afford."

Today, still family owned and operated, Peter Pauper Press continues to honor our founders' legacy—and our customers' expectations—of beauty, quality, and value.

This logbook's cover reproduces a gold-tooled goatskin binding created by bookbinding firm Henry T. Wood of London in 1933 for Edward Frank Willis James's book of verses, *The Next Volume*…. Wood of London was known for its progressive and distinctive designs, evident in the subtle asymmetry and intricate details in this cover.

Visit us at www.peterpauper.com

INTRODUCTION

The *Internet Address & Password Logbook* is meant to help you organize your usernames and passwords in one convenient place. As this is sensitive security information, it is advisable to keep this book in an extremely secure place. It is not recommended for travel use, but rather for use in the home (and preferably kept in a hidden or discreet place). We also suggest writing down hints instead of full passwords in case this book is misplaced.

It is recommended to use different usernames and passwords for each Internet site, and to change your passwords frequently.

In the back of this organizer there is space to record some useful Internet and computer information for your own personal reference.

Site name

Site address

Login/username

Password

Site name

Site address

Login/username

Password

Site name

Site address

Login/username

Password

Site name

Site address

Login/username

Password

Site name

Site address

Login/username

Password

Site name

Site address

Login/username

Password

Site name

Site address

Login/username

Password

Site name

Site address

Login/username

Password

Site name

Site address

Login/username

Password

Site name

Site address

Login/username

Password

Site name

Site address

Login/username

Password

Site name

Site address

Login/username

Password

Site name

Site address

Login/username

Password

Site name

Site address

Login/username

Password

Site name

Site address

Login/username

Password

Site name

Site address

Login/username

Password

Site name

Site address

Login/username

Password

Site name

Site address

Login/username

Password

Site name

Site address

Login/username

Password

Site name

Site address

Login/username

Password

Site name

Site address

Login/username

Password

Site name

Site address

Login/username

Password

Site name

Site address

Login/username

Password

Site name

Site address

Login/username

Password

Site name

Site address

Login/username

Password

Site name

Site address

Login/username

Password

Site name

Site address

Login/username

Password

Site name

Site address

Login/username

Password

Site name

Site address

Login/username

Password

Site name

Site address

Login/username

Password

Site name

Site address

Login/username

Password

Site name

Site address

Login/username

Password

Site name

Site address

Login/username

Password

Site name

Site address

Login/username

Password

Site name

Site address

Login/username

Password

Site name

Site address

Login/username

Password

Site name

Site address

Login/username

Password

Site name

Site address

Login/username

Password

Site name

Site address

Login/username

Password

Site name

Site address

Login/username

Password

Site name

Site address

Login/username

Password

Site name

Site address

Login/username

Password

Site name

Site address

Login/username

Password

Site name

Site address

Login/username

Password

Site name

Site address

Login/username

Password

Site name

Site address

Login/username

Password

Site name

Site address

Login/username

Password

Site name

Site address

Login/username

Password

Site name

Site address

Login/username

Password

Site name

Site address

Login/username

Password

Site name

Site address

Login/username

Password

Site name

Site address

Login/username

Password

Site name

Site address

Login/username

Password

Site name

Site address

Login/username

Password

Site name

Site address

Login/username

Password

Site name

Site address

Login/username

Password

Site name

Site address

Login/username

Password

Site name

Site address

Login/username

Password

Site name

Site address

Login/username

Password

Site name

Site address

Login/username

Password

Site name

Site address

Login/username

Password

Site name

Site address

Login/username

Password

Site name

Site address

Login/username

Password

Site name

Site address

Login/username

Password

Site name

Site address

Login/username

Password

Site name

Site address

Login/username

Password

Site name

Site address

Login/username

Password

Site name

Site address

Login/username

Password

Site name

Site address

Login/username

Password

Site name

Site address

Login/username

Password

Site name

Site address

Login/username

Password

Site name

Site address

Login/username

Password

Site name

Site address

Login/username

Password

Site name

Site address

Login/username

Password

Site name

Site address

Login/username

Password

Site name

Site address

Login/username

Password

Site name

Site address

Login/username

Password

Site name

Site address

Login/username

Password

Site name

Site address

Login/username

Password

Site name

Site address

Login/username

Password

Site name

Site address

Login/username

Password

Site name

Site address

Login/username

Password

Site name

Site address

Login/username

Password

Site name

Site address

Login/username

Password

Site name

Site address

Login/username

Password

Site name

Site address

Login/username

Password

Site name

Site address

Login/username

Password

Site name

Site address

Login/username

Password

Site name

Site address

Login/username

Password

Site name

Site address

Login/username

Password

Site name

Site address

Login/username

Password

Site name

Site address

Login/username

Password

Site name

Site address

Login/username

Password

Site name

Site address

Login/username

Password

Site name

Site address

Login/username

Password

Site name

Site address

Login/username

Password

Site name

Site address

Login/username

Password

Site name

Site address

Login/username

Password

Site name

Site address

Login/username

Password

Site name

Site address

Login/username

Password

Site name

Site address

Login/username

Password

Site name

Site address

Login/username

Password

Site name

Site address

Login/username

Password

Site name

Site address

Login/username

Password

Site name

Site address

Login/username

Password

Site name

Site address

Login/username

Password

Site name

Site address

Login/username

Password

Site name

Site address

Login/username

Password

Site name

Site address

Login/username

Password

Site name

Site address

Login/username

Password

Site name

Site address

Login/username

Password

Site name

Site address

Login/username

Password

Site name

Site address

Login/username

Password

Site name

Site address

Login/username

Password

Site name

Site address

Login/username

Password

Site name

Site address

Login/username

Password

Site name

Site address

Login/username

Password

Site name

Site address

Login/username

Password

Site name

Site address

Login/username

Password

Site name

Site address

Login/username

Password

Site name

Site address

Login/username

Password

Site name

Site address

Login/username

Password

Site name

Site address

Login/username

Password

Site name

Site address

Login/username

Password

Site name

Site address

Login/username

Password

Site name

Site address

Login/username

Password

Site name

Site address

Login/username

Password

Site name

Site address

Login/username

Password

Site name

Site address

Login/username

Password

Site name

Site address

Login/username

Password

Site name

Site address

Login/username

Password

Site name

Site address

Login/username

Password

Site name

Site address

Login/username

Password

Site name

Site address

Login/username

Password

Site name

Site address

Login/username

Password

Site name

Site address

Login/username

Password

Site name

Site address

Login/username

Password

Site name

Site address

Login/username

Password

Site name

Site address

Login/username

Password

Site name

Site address

Login/username

Password

Site name

Site address

Login/username

Password

Site name

Site address

Login/username

Password

Site name

Site address

Login/username

Password

Site name

Site address

Login/username

Password

Site name

Site address

Login/username

Password

Site name

Site address

Login/username

Password

Site name

Site address

Login/username

Password

Site name

Site address

Login/username

Password

Site name

Site address

Login/username

Password

Site name

Site address

Login/username

Password

Site name

Site address

Login/username

Password

Site name

Site address

Login/username

Password

Site name

Site address

Login/username

Password

Site name

Site address

Login/username

Password

Site name

Site address

Login/username

Password

Site name

Site address

Login/username

Password

Site name

Site address

Login/username

Password

Site name

Site address

Login/username

Password

Site name

Site address

Login/username

Password

Site name

Site address

Login/username

Password

Site name

Site address

Login/username

Password

Site name

Site address

Login/username

Password

Site name

Site address

Login/username

Password

Site name

Site address

Login/username

Password

Site name

Site address

Login/username

Password

Site name

Site address

Login/username

Password

Site name

Site address

Login/username

Password

Site name

Site address

Login/username

Password

Site name

Site address

Login/username

Password

Site name

Site address

Login/username

Password

Site name

Site address

Login/username

Password

Site name

Site address

Login/username

Password

Site name

Site address

Login/username

Password

Site name

Site address

Login/username

Password

Site name

Site address

Login/username

Password

Site name

Site address

Login/username

Password

Site name

Site address

Login/username

Password

Site name

Site address

Login/username

Password

Site name

Site address

Login/username

Password

Site name

Site address

Login/username

Password

Site name

Site address

Login/username

Password

Site name

Site address

Login/username

Password

Site name

Site address

Login/username

Password

Site name

Site address

Login/username

Password

Site name

Site address

Login/username

Password

Site name

Site address

Login/username

Password

Site name

Site address

Login/username

Password

Site name

Site address

Login/username

Password

Site name

Site address

Login/username

Password

Site name

Site address

Login/username

Password

Site name

Site address

Login/username

Password

Site name

Site address

Login/username

Password

Site name

Site address

Login/username

Password

Site name

Site address

Login/username

Password

Site name

Site address

Login/username

Password

Site name

Site address

Login/username

Password

Site name

Site address

Login/username

Password

Site name

Site address

Login/username

Password

Site name

Site address

Login/username

Password

Site name

Site address

Login/username

Password

Site name

Site address

Login/username

Password

Site name

Site address

Login/username

Password

Site name

Site address

Login/username

Password

Site name

Site address

Login/username

Password

Site name

Site address

Login/username

Password

Site name

Site address

Login/username

Password

Site name

Site address

Login/username

Password

Site name

Site address

Login/username

Password

Site name

Site address

Login/username

Password

Site name

Site address

Login/username

Password

Site name

Site address

Login/username

Password

Site name

Site address

Login/username

Password

Site name

Site address

Login/username

Password

Site name

Site address

Login/username

Password

Site name

Site address

Login/username

Password

Site name

Site address

Login/username

Password

Site name

Site address

Login/username

Password

Site name

Site address

Login/username

Password

Site name

Site address

Login/username

Password

Site name

Site address

Login/username

Password

Site name

Site address

Login/username

Password

Site name

Site address

Login/username

Password

Site name

Site address

Login/username

Password

Site name

Site address

Login/username

Password

Site name

Site address

Login/username

Password

Site name

Site address

Login/username

Password

Site name

Site address

Login/username

Password

Site name

Site address

Login/username

Password

Site name

Site address

Login/username

Password

Site name

Site address

Login/username

Password

Site name

Site address

Login/username

Password

Site name

Site address

Login/username

Password

Site name

Site address

Login/username

Password

Site name

Site address

Login/username

Password

Site name

Site address

Login/username

Password

Site name

Site address

Login/username

Password

Site name

Site address

Login/username

Password

Site name

Site address

Login/username

Password

Site name

Site address

Login/username

Password

Site name

Site address

Login/username

Password

Site name

Site address

Login/username

Password

Site name

Site address

Login/username

Password

Site name

Site address

Login/username

Password

Site name

Site address

Login/username

Password

Site name

Site address

Login/username

Password

Site name

Site address

Login/username

Password

Site name

Site address

Login/username

Password

Site name

Site address

Login/username

Password

Site name

Site address

Login/username

Password

Site name

Site address

Login/username

Password

Site name

Site address

Login/username

Password

Site name

Site address

Login/username

Password

Site name

Site address

Login/username

Password

Site name

Site address

Login/username

Password

Site name

Site address

Login/username

Password

Site name

Site address

Login/username

Password

Site name

Site address

Login/username

Password

Site name

Site address

Login/username

Password

Site name

Site address

Login/username

Password

Site name

Site address

Login/username

Password

Site name

Site address

Login/username

Password

Site name

Site address

Login/username

Password

Site name

Site address

Login/username

Password

Site name

Site address

Login/username

Password

Site name

Site address

Login/username

Password

Site name

Site address

Login/username

Password

Site name

Site address

Login/username

Password

Site name

Site address

Login/username

Password

Site name

Site address

Login/username

Password

Site name

Site address

Login/username

Password

Site name

Site address

Login/username

Password

Site name

Site address

Login/username

Password

Site name

Site address

Login/username

Password

Site name

Site address

Login/username

Password

Site name

Site address

Login/username

Password

Site name

Site address

Login/username

Password

Site name

Site address

Login/username

Password

Site name

Site address

Login/username

Password

Site name

Site address

Login/username

Password

Site name

Site address

Login/username

Password

Site name

Site address

Login/username

Password

Site name

Site address

Login/username

Password

Site name

Site address

Login/username

Password

Site name

Site address

Login/username

Password

Site name

Site address

Login/username

Password

Site name

Site address

Login/username

Password

Site name

Site address

Login/username

Password

Site name

Site address

Login/username

Password

Site name

Site address

Login/username

Password

Site name

Site address

Login/username

Password

Site name

Site address

Login/username

Password

Site name

Site address

Login/username

Password

Site name

Site address

Login/username

Password

Site name

Site address

Login/username

Password

Site name

Site address

Login/username

Password

Site name

Site address

Login/username

Password

Site name

Site address

Login/username

Password

Site name

Site address

Login/username

Password

Site name

Site address

Login/username

Password

Site name

Site address

Login/username

Password

Site name

Site address

Login/username

Password

Site name

Site address

Login/username

Password

Site name

Site address

Login/username

Password

Site name

Site address

Login/username

Password

Site name

Site address

Login/username

Password

Site name

Site address

Login/username

Password

Site name

Site address

Login/username

Password

Site name

Site address

Login/username

Password

Site name

Site address

Login/username

Password

Site name

Site address

Login/username

Password

Site name

Site address

Login/username

Password

Site name

Site address

Login/username

Password

Site name

Site address

Login/username

Password

Site name

Site address

Login/username

Password

Site name

Site address

Login/username

Password

Site name

Site address

Login/username

Password

Site name

Site address

Login/username

Password

Site name

Site address

Login/username

Password

Site name

Site address

Login/username

Password

Site name

Site address

Login/username

Password

Site name

Site address

Login/username

Password

Site name

Site address

Login/username

Password

Site name

Site address

Login/username

Password

Site name

Site address

Login/username

Password

Site name

Site address

Login/username

Password

Site name

Site address

Login/username

Password

Site name

Site address

Login/username

Password

Site name

Site address

Login/username

Password

Site name

Site address

Login/username

Password

Site name

Site address

Login/username

Password

Site name

Site address

Login/username

Password

Site name

Site address

Login/username

Password

Site name

Site address

Login/username

Password

Site name

Site address

Login/username

Password

Site name

Site address

Login/username

Password

Site name

Site address

Login/username

Password

Site name

Site address

Login/username

Password

Site name

Site address

Login/username

Password

Site name

Site address

Login/username

Password

Site name

Site address

Login/username

Password

Site name

Site address

Login/username

Password

Site name

Site address

Login/username

Password

Site name

Site address

Login/username

Password

Site name

Site address

Login/username

Password

Site name
Site address

Login/username

Password

Site name
Site address

Login/username

Password

Site name
Site address

Login/username

Password

Site name
Site address

Login/username

Password

Site name

Site address

Login/username

Password

Site name

Site address

Login/username

Password

Site name

Site address

Login/username

Password

Site name

Site address

Login/username

Password

Site name

Site address

Login/username

Password

Site name

Site address

Login/username

Password

Site name

Site address

Login/username

Password

Site name

Site address

Login/username

Password

Site name

Site address

Login/username

Password

Site name

Site address

Login/username

Password

Site name

Site address

Login/username

Password

Site name

Site address

Login/username

Password

Site name

Site address

Login/username

Password

Site name

Site address

Login/username

Password

Site name

Site address

Login/username

Password

Site name

Site address

Login/username

Password

Site name

Site address

Login/username

Password

Site name

Site address

Login/username

Password

Site name

Site address

Login/username

Password

Site name

Site address

Login/username

Password

Site name

Site address

Login/username

Password

Site name

Site address

Login/username

Password

Site name

Site address

Login/username

Password

Site name

Site address

Login/username

Password

Site name

Site address

Login/username

Password

Site name

Site address

Login/username

Password

Site name

Site address

Login/username

Password

Site name

Site address

Login/username

Password

Site name

Site address

Login/username

Password

Site name

Site address

Login/username

Password

Site name

Site address

Login/username

Password

Site name

Site address

Login/username

Password

Site name

Site address

Login/username

Password

Site name

Site address

Login/username

Password

Site name

Site address

Login/username

Password

Site name

Site address

Login/username

Password

Site name

Site address

Login/username

Password

Site name

Site address

Login/username

Password

Site name

Site address

Login/username

Password

Site name

Site address

Login/username

Password

Site name

Site address

Login/username

Password

Site name

Site address

Login/username

Password

Site name

Site address

Login/username

Password

Site name

Site address

Login/username

Password

Site name

Site address

Login/username

Password

Site name

Site address

Login/username

Password

Site name

Site address

Login/username

Password

Site name

Site address

Login/username

Password

Site name

Site address

Login/username

Password

Site name

Site address

Login/username

Password

Site name

Site address

Login/username

Password

Site name

Site address

Login/username

Password

Site name

Site address

Login/username

Password

Site name

Site address

Login/username

Password

Site name

Site address

Login/username

Password

Site name

Site address

Login/username

Password

Site name
Site address

Login/username

Password

Site name
Site address

Login/username

Password

Site name
Site address

Login/username

Password

Site name
Site address

Login/username

Password

Site name

Site address

Login/username

Password

Site name

Site address

Login/username

Password

Site name

Site address

Login/username

Password

Site name

Site address

Login/username

Password

Site name

Site address

Login/username

Password

Site name

Site address

Login/username

Password

Site name

Site address

Login/username

Password

Site name

Site address

Login/username

Password

Site name

Site address

Login/username

Password

Site name

Site address

Login/username

Password

Site name

Site address

Login/username

Password

Site name

Site address

Login/username

Password

Site name

Site address

Login/username

Password

Site name

Site address

Login/username

Password

Site name

Site address

Login/username

Password

Site name

Site address

Login/username

Password

Site name

Site address

Login/username

Password

Site name

Site address

Login/username

Password

Site name

Site address

Login/username

Password

Site name

Site address

Login/username

Password

Site name

Site address

Login/username

Password

Site name

Site address

Login/username

Password

Site name

Site address

Login/username

Password

Site name

Site address

Login/username

Password

Site name

Site address

Login/username

Password

Site name

Site address

Login/username

Password

Site name

Site address

Login/username

Password

Site name

Site address

Login/username

Password

Site name

Site address

Login/username

Password

Site name

Site address

Login/username

Password

Site name

Site address

Login/username

Password

Site name

Site address

Login/username

Password

Site name

Site address

Login/username

Password

Site name

Site address

Login/username

Password

Site name

Site address

Login/username

Password

Site name

Site address

Login/username

Password

Site name

Site address

Login/username

Password

Site name

Site address

Login/username

Password

Site name

Site address

Login/username

Password

Site name

Site address

Login/username

Password

Site name

Site address

Login/username

Password

Site name

Site address

Login/username

Password

Site name

Site address

Login/username

Password

Site name

Site address

Login/username

Password

Site name

Site address

Login/username

Password

Site name

Site address

Login/username

Password

Site name

Site address

Login/username

Password

Site name

Site address

Login/username

Password

Site name

Site address

Login/username

Password

Site name

Site address

Login/username

Password

Site name

Site address

Login/username

Password

Site name

Site address

Login/username

Password

Site name

Site address

Login/username

Password

Site name

Site address

Login/username

Password

Site name

Site address

Login/username

Password

Site name

Site address

Login/username

Password

Site name

Site address

Login/username

Password

Site name

Site address

Login/username

Password

Site name

Site address

Login/username

Password

Site name

Site address

Login/username

Password

Site name

Site address

Login/username

Password

Site name

Site address

Login/username

Password

Site name

Site address

Login/username

Password

Site name

Site address

Login/username

Password

Site name

Site address

Login/username

Password

Site name

Site address

Login/username

Password

Site name

Site address

Login/username

Password

Site name

Site address

Login/username

Password

Site name

Site address

Login/username

Password

Site name

Site address

Login/username

Password

Site name

Site address

Login/username

Password

Site name

Site address

Login/username

Password

Site name

Site address

Login/username

Password

Site name

Site address

Login/username

Password

Site name

Site address

Login/username

Password

Site name

Site address

Login/username

Password

Site name

Site address

Login/username

Password

Site name

Site address

Login/username

Password

Site name

Site address

Login/username

Password

Site name

Site address

Login/username

Password

Site name

Site address

Login/username

Password

Site name

Site address

Login/username

Password

Site name

Site address

Login/username

Password

Site name

Site address

Login/username

Password

Site name

Site address

Login/username

Password

Site name

Site address

Login/username

Password

Site name

Site address

Login/username

Password

Site name

Site address

Login/username

Password

Site name

Site address

Login/username

Password

Site name

Site address

Login/username

Password

Site name

Site address

Login/username

Password

Site name

Site address

Login/username

Password

Site name

Site address

Login/username

Password

Site name

Site address

Login/username

Password

Site name

Site address

Login/username

Password

Site name

Site address

Login/username

Password

Site name

Site address

Login/username

Password

Site name

Site address

Login/username

Password

Site name

Site address

Login/username

Password

Site name

Site address

Login/username

Password

Site name

Site address

Login/username

Password

Site name

Site address

Login/username

Password

Site name

Site address

Login/username

Password

Site name

Site address

Login/username

Password

Site name

Site address

Login/username

Password

Site name

Site address

Login/username

Password

Site name

Site address

Login/username

Password

Site name

Site address

Login/username

Password

Site name

Site address

Login/username

Password

Site name

Site address

Login/username

Password

Site name

Site address

Login/username

Password

Site name

Site address

Login/username

Password

Site name

Site address

Login/username

Password

Site name

Site address

Login/username

Password

Site name

Site address

Login/username

Password

Site name

Site address

Login/username

Password

Site name

Site address

Login/username

Password

Site name

Site address

Login/username

Password

Site name

Site address

Login/username

Password

Site name

Site address

Login/username

Password

Site name

Site address

Login/username

Password

Site name

Site address

Login/username

Password

Site name

Site address

Login/username

Password

Site name

Site address

Login/username

Password

USEFUL INTERNET & COMPUTER INFORMATION

Internet Service Provider Name:

Account Number:

Tech Support:

Customer Service:

Email (personal)

Mail Server Type:

Incoming Server:

Outgoing Server:

Username:

Password:

Email (work)

Mail Server Type:

Incoming Server:

Outgoing Server:

Username:

Password:

Domain:

HOME NETWORK SETTINGS

Broadband Modem

Model:

Serial Number:

Mac Address:

Administration URL/IP Address:

WAN IP Address:

Username:

Password:

Router/Wireless Access Point

Model:

Serial Number:

Factory Default Admin IP Address:*

Factory Default User Name:*

Factory Default Password:*

User Defined Admin URL/IP Address:

User Defined User Name:

User Defined Password:

*(Refer to manual)

WAN Settings

MAC Address: (See Broadband Modem)

IP Address: (See Broadband Modem)

Host Name: (if required by ISP)

Domain Name: (if required by ISP)

Subnet Mask:

Default Gateway:

DNS — Primary:

DNS — Secondary:

LAN Settings

IP Address:

Subnet Mask:

DHCP Range: (if DHCP enabled)

Wireless Settings

SSID: (Wireless network name)

Channel:

Security Mode:

Shared Key: (for WPA)

Passphrase: (for WEP)

SOFTWARE LICENSE NUMBERS

Software:

License Number:

Purchase Date:

Software:

License Number:

Purchase Date:

Software:

License Number:

Purchase Date:

Software:

License Number:

Purchase Date:

Software:

License Number:

Purchase Date:

Software:

License Number:

Purchase Date:

Software:

License Number:

Purchase Date:

Software:

License Number:

Purchase Date:

Software:

License Number:

Purchase Date:

Software:

License Number:

Purchase Date:

Software:

License Number:

Purchase Date:

Software:

License Number:

Purchase Date:

Software:

License Number:

Purchase Date:

Software:

License Number:

Purchase Date:

Software:

License Number:

Purchase Date: